Rocío Expósito

Asombro

LA GARÚA · *Poesía*, 115

Primera edición: enero de 2026

© del texto: Rocío Expósito Carmona
© de la presente edición:
La Garúa Libros
Barcelona
www.lagaruapoesia.com

ISBN: 979-13-990034-6-8
Depósito Legal: B 591-2026

A mis padres

La literatura no es otra cosa que un delirio bajo control.
SANTIAGO ALBA RICO

La exacta belleza

Beauty is not caused. It is.
EMILY DICKINSON

COMO EN AQUELLOS VERSOS

Descansa sobre el suelo árido
como aquel verso antiguo
de Wang Wei.

Al oeste, las horas exhiben
pupilas inmensas y circulares,
la cebada se mece,

el campo la ronda
con higos granados, serenos
como en aquellos versos

que rozan con el pico el tiempo
de la perfecta soledad.

AUSENCIA

Y nos dejáis aquí,
en un único espacio
de luz que nos vacía.

Nada en vosotros vibra.

LA EXACTA BELLEZA

A mi padre

Oh intemperie, ven.
Oye el pájaro extraviado en esta habitación.
¿Cúal era la forma de los recuerdos?
¿Por qué la hallas, ahora,
en la perfección de los muertos?

IN VOLO

Apenas advierte la garza
el contorno preciso
de su filigrana.

Recinto quieto
la tierra que asoma a sus pies,

los lirios dormidos que giran
al instante,

su caligrafía.

SCENDONO

Bajan las avispas a los colores
del bosque, a lo casual de las cosas,
al jazmín de tu patio.

Miran al cielo,
y ya en el borde de la tarde
se mueren de frío.

ES BONITO

Para Juan Andrés

Contemplar la piedra,
los ayes redondos, perfectos
de su vuelo junto al pájaro,
procurando con atención artesanal
el consuelo, como quien cuida
un gran amor.

FRAGMENTO DE MEDIA TARDE

En ese perfil sobrio del día, sin teatro:
sólo el trazo inútil
                    de la luz.

ÁRIDO AZUL

No vivir en tierra firme,
sino en su extremo

mínimo.

OTRA POSIBILIDAD

Imagina que despertamos
en el borde de otra posibilidad,
que la vida, en su infinita paciencia,
nos observa como un turista.

Imagina que el milagro no llega, que esto
es lo más cerca que llegaremos a estar
de la gracia.

EL MUNDO DE OTRO MODO

Hay hogares que parecen vergeles
donde la belleza se afirma como la luz
y el ladrido del perro se celebra
como celebra un río el deshielo.

Mujeres de lienzo bajo la placidez
del limonero, donde el abuelo amasa el barro
para el recién nacido, proponiéndole el mundo
de otro modo, revelando, en silencio,
la frágil estructura
de lo vivo.

ARMISTICIO FELINO

Trassierra

Los gatos no extrañan las formas
cuando nos indultamos los unos a los otros
noi che entriamo mortales como ellos
o la palabra amor, en este verano antiguo.

A ellos se rinden los lugares y los idiomas
iniciados en la belleza.

Esperar desde el júbilo la muerte
en la penúltima copa,
infinita si de reojo la celebramos.

Quizás los gatos también nos sobrevuelan,
dioses de la fiesta popular
que acaba de nacer.

Es demasiado pronto, siempre,
para los que se van.

CORAZÓN CENTRAL

Les hablé del hambre, porque no les podía hablar de otra cosa.

MARÍA LEJÁRRAGA

CUADERNO DE CAMPO

Compara la flor de la espiga
con la llama quieta en el agua.

Acércate. Mira cómo se posa
el árbol junto a la piedra.

Tú, que no eres árbol, ni agua,
ni piedra, te pareces a esta tarde.

EN LA ISLA

La vi rodar sobre las costillas de plata
dibujando a capricho el esqueleto
muerto de las nubes.

Hizo suya la niñez de los frutos
congelada en los márgenes,
detrás los cristales,

en el equilibrio de las iguanas,
deshaciendo la noche y el miedo.

¿Cuántos finales tiene una vida?

Todo lo que uno ama corre peligro.

COMO EL BAILE HIPNÓTICO
DE LOS ESTORNINOS

A veces el mundo se parece a ellos:
tiemblan cuando el cielo los atraviesa,
se entretienen en la forma,
             que no les pertenece.

También el amor traza figuras invisibles.

Así nuestra belleza, sin voluntad,
como el baile hipnótico de los estorninos,
porque a veces también nosotros
nos parecemos al mundo.

ESCRIBO

En la estrechez del lecho regreso a ti,
tus manos son bálsamo umbilical,

al descubierto, un cuerpo sin piel.

Pregunto: ¿qué fue de mí?
Dices: *todos estamos solos.*

Unes mis filamentos rotos

        con hebras de luna llena.

INHABITADOS

1.

Entre el cero y el uno hay tan solo un abismo,
un dolor de islas secas.

Desfilan por su lacia oscuridad haces de lluvia,
y el caballo rojo de la rama trina, agitado,

en la dimensión imprecisa.

2.

Como el romanticismo ama el fragmento,
así te pienso;
ahí, en lo incompleto, te reconozco.

EL SILENCIO (I)

Insiste, lentamente,
pero aún no se ha hecho gesto.

EL SILENCIO (II)

Igual que la sangre que no tiene adónde ir.
Algo como haber vivido, haber estado,
y no estar nunca.

CORAZÓN CENTRAL

He ordenado los restos y las flores
en un recuerdo invertebrado,
vulnerando la suma de los hechos,

como hicimos alguna vez.

A la fuerza he cambiado de terreno,
—donde no alcancemos ni tú ni yo—
el agua y el lenguaje,
para seguir amando los hogares
que dejamos morir.

FORGOT MY LOVER'S NAME

Con Pablo Carrascal

Si ya no es denso
el tiempo que nos precedía
    —el de desatender el mundo,
    desordenar distancias,
    el que no concede nuevos paisajes—;

si ya no puedo extender el desierto
ni festejar en tus manos la fruta,

si ya no leemos el mar
con la timidez de un comienzo,

entonces,
sigamos en el mismo lugar:
    el de los cuerpos ajenos,
    la resurrección constante,
    el que no se nombra.

Si ya no alcanzamos la perfección ni la nocturnidad,
el pacto ni el sexo urgente,
si ya no nos recuerdas,

será que hemos dejado de existir.

SUPERFICIE INVERSA

Se oye leve, en su reclamo,
como el crío que amamanta a la madre
o el cuerpo efímero de la palabra.

Hay una caricia que suena bajo el tacto
y no es la piel.

Es el dolor de aceptar que no seremos los mismos,
que mientras duermes, la noche te sueña.

RITORNELLO

Parece cualquier signo:
lenta miel de la higuera, el cauce,
la inconsciente repetición
de lo que aún guarda su fe.

Se desbaratan las palabras,
los relieves del tiempo.

Y me siento en mitad de esta luna

a quererte.

EL VUELO INMUNE

Con el metro del horizonte
te voy a hacer yo un columpio
para que midas el miedo
cuando vayas por el mundo.

JUAN CARLOS RECHE

INICIACIÓN AL CIELO

Tú, que pisas la hierba
y reconoces los fragmentos,
le das cada día una forma
distinta, pero no lo nombras,

y aún así, esperas que la poesía
te salve de la intemperie.

LA LLUVIA

Desciende, ordenada y serena
como metal.
Primero la huella, luego el color
con que clausura la caída.
Las sombras, con su ritmo,
las calles como altares, luego.

Se cuelan por la corteza rincones,
y todo lo que arrastra se olvida:
el viento, el polvo, lo ausente,

(no se puede comparar la lluvia
sino con el vestido derramado
o la moneda al aire, que iniciaron
su curso)

mientras la luna se hunde y se abre
como metal, que se queda y se pierde.

INNOCENCE

Me gustaría perseguir costumbres,
correr tras ellas, prenderles fuego
sin inocencia.

Que mueran,
y agotar la paciencia de las flores,

devolver el hijo a las entrañas.

Que se espanten como bestias,
sin perdón, ni infancia, ni noche.

BEATUS ILLE

A vosotros (in memoriam)

Lo idéntico, el caudal, niña temprana
atravesando como tropas sin forma
una casa. Con todo a medio hacer.

Ah, el instante y su gravedad.
El muerto es un milagro en los bolsillos,
pececillo de plata.

Cuando las horas se desbordan
una
a
una
y las miro caer,
pienso en lo que serás:
las canciones negras de Salomón,
ríos aéreos, un atributo maternal.

La lentitud que nos contiene
puede explicar ruinas
                    y poco más.

ASOMBRO

¿Quién custodia el color de los almendros,
que en lo insólito de esta madrugada
cruzan el mundo sólo para recordarnos
que la belleza existe?

EL POEMA

Como quien no quiere nacer del todo.

Se esconde en mis costillas, me huele
las manos, trae los ojos abiertos
bajo la piel,

y siempre mi voz como si fuera suya.

AGOSTO

La tarde es amarilla
y el nadador desaparece
entre los árboles del mar.

Algunos tallos rojos caen
ordenando el paisaje.

Las agujas se dilatan y encogen
en la transparencia del bosque:

el pinar se hace duna.

Y la noche desciende, también,
sobre los cuerpos

consolando el espacio.

LA TRAVERSÉE

La belleza se inclina por el cristal del barco:
disposición de lindes, aparejos y amarres
bajo el reptil de hierro.

A lo lejos, una iglesia que pende.

En la sien una lengua de luz
anuncia el equilibrio.

ES QUE SOMOS MUY VIEJOS

Nadja et Joseph

Acontecen los días —*Il fait chaud*—
frente a la catedral, criatura invertida,
llena de Hombres.

Una ciudad puede ser muchas ciudades
pero ninguna perdona el destino mortal
de las cosas, ni la tierra que va cubriendo
poco a poco los senos, o el mes de agosto.

A las ramas más sólidas —*n'est-ce pas?*—
las acapara el tiempo en un hatillo
y las vuelve a sembrar en otra calle,
en otra ciudad, envejeciendo de pronto,
al cabo de una vida, algunas costumbres,
los rostros y las suaves pendientes del Atlas.

¿Acaso es libre el roble? —*Dis-moi*—.

SEÍSMO

Permanecen sostenidas y frágiles
en la parte vegetal de la vida
inclinando los cuerpos
hacia la soledad que las orbita,
como los osos se aferran al árbol
en el instante anterior a la muerte.

Quisieran habitar la imagen del niño
que se mece a sí mismo en los brazos.

Criaturas de timidez litoral, decid:
¿qué fe os mantiene cuando el mundo
os estrecha por detrás y el miedo
es tan feroz como un exilio?

Remad hasta las pequeñas distancias
antes de que la Tierra, infiel y sigilosa,

                    tiemble.

LA NOCHE INVENTADA

Respiro donde crecen los días que no cambian,
donde las patrias ondean abandonadas.

¿Hay noche, aquí, bajo la tierra?

Las chicas tratan de sedar el mundo
con su trampantojo de perlas.
Y el perro sigue siendo carne,
puedo tocarlo y construir la cuna
para los hijos que un día vendrán,
asilvestrados, a escribir:

sugerencias para uno mismo
porque nadie nos preguntó
de qué vientre.

Es la carencia circular que nos congrega,
sin memoria.

Va siendo hora de heredar el caos.

AGRADECIMIENTOS

A mis padres y hermanas, que me transmiten su sensibilidad y su valentía, y me sostienen. A mis sobrinos. A toda mi familia, por su amor.

A Quique, Meriel e Iris, mi otra familia, que me colma de cariño, música y literatura.

A Diego Roel y Juan Andrés García Román, tan culpables como yo de este libro; a Joan de la Vega, por apostar por el asombro; a Juan Antonio Bernier, por aquel primer cuaderno; a Carlos Jiménez Arribas; a Álvaro Hernando y a todos mis amigos poetas, por tanta poesía y tan generosa amistad.

A Santiago Alba Rico, con profundo cariño y admiración.

Y, en especial, a mis amigas y amigos, a cada uno: gracias por salvarme, siempre, de la intemperie.

Índice

Asombro

EL VUELO INMUNE

LA GARÚA
POESÍA

*****

Asombro, de *Rocío Expósito*, se terminó
de imprimir y encuadernar en enero de 2026.
Para la composición del texto se ha utilizado la tipografía
Goudy Old Style sobre papel munken print de 90 gr.